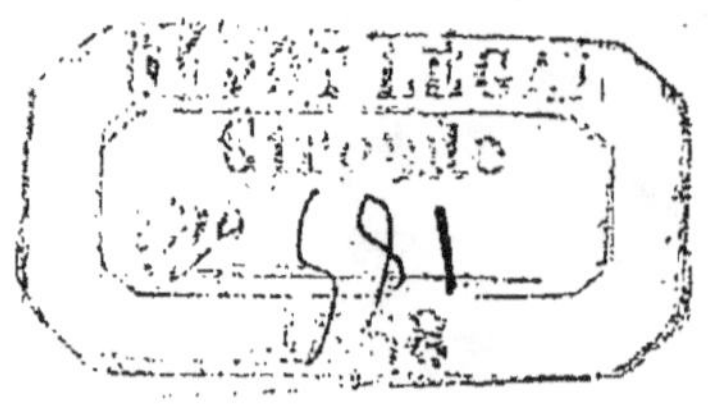

DE LA LIBERTÉ ET DE L'AUTORITÉ

D'APRÈS

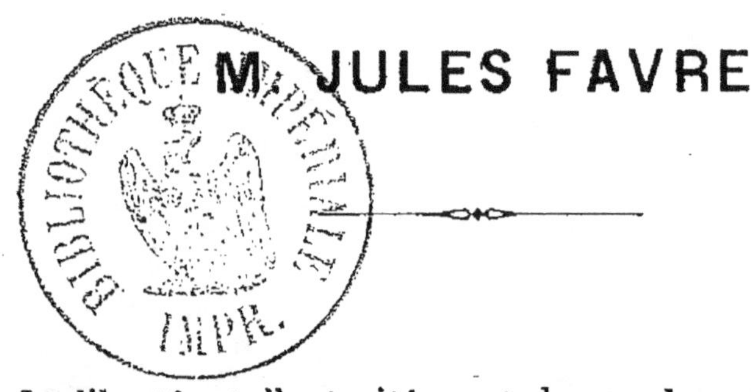

M. JULES FAVRE

La liberté et l'autorité sont du nombre et au premier rang des grands objets dont il a été donné à l'homme de s'occuper ; en elles se rencontrent les deux pivots sur lesquels roulent les sociétés humaines, dont les diverses formes ne sont guère autre chose que les combinaisons variées de ces deux grands principes. Le besoin s'en fait sentir à tous les peuples, mais non pas dans la même mesure : aux uns, il faut plus d'autorité ; aux autres, plus de liberté. Cette inégalité dépend de leur tempérâmment, de leurs mœurs, de leur éducation et surtout de leur degré de culture intellectuelle et morale ; il est assez difficile de faire vivre en paix l'autorité et la liberté : il faut savoir établir entr'elles une intelligente harmonie. Lorsqu'on a la mauvaise pensée de les sacrifier l'une à l'autre, on est conduit ou au despotisme, par la suppression ou la trop grande réduction de la liberté ; ou bien on aboutit à l'anarchie, pour avoir trop restreint la part de l'autorité.

Il ne faut donc pas s'étonner que le grand orateur politique de l'opposition parlementaire en France ait choisi ce thème pour sujet de son discours de réception à l'Académie française ; jamais sujet ne fut plus vaste, plus élevé et plus digne de l'illustre assemblée.

Dans ce discours prononcé le 23 Avril 1868, se trouvent ces paroles : « Le seul gouvernement acceptable est celui
» qui sort de la liberté, et en favorise l'épanouissement.
» C'est une triste et fausse politique que celle qui met aux
» prises la société et le gouvernement ; l'autorité et la
» liberté, en les faisant venir de deux sources différentes,
» en les présentant comme deux principes contraires. J'en-
» tends souvent parler de l'autorité, comme d'un principe
» à part, indépendant, tirant de lui-même sa force et sa
» légitimité, et par conséquent fait pour dominer. Il n'y
» a pas d'erreur plus profonde et plus dangereuse ; on
» croit par là affermir le principe d'autorité ; loin de là,
» on lui ôte son plus solide fondement. L'autorité, c'est-
» à-dire l'autorité légitime et morale n'est pas autre chose
» que la *justice*, et la justice n'est pas autre chose que le
» *respect* de la liberté ; en sorte qu'il n'y a pas deux prin-
» cipes différents et contraires, mais un seul principe d'une
» certitude égale et d'une égale grandeur dans toutes ses
» formes, dans toutes ses applications. — L'autorité, dira-
» t-on, vient de Dieu. — Sans doute : mais d'où vient la
» liberté ? C'est à Dieu qu'il faut rapporter tout ce qu'il y
» a de plus excellent sur la terre. Or, rien n'est plus excel-
» lent que la liberté : la raison, qui dans l'homme com-
» mande à la liberté, lui commande suivant sa nature, et
» le premier devoir qu'elle lui impose, c'est de se respec-
» ter elle-même. »

Jusqu'à ce jour on avait cru que la liberté et l'autorité étaient deux choses différentes, tout-à-fait différentes : l'une, faite pour commander, diriger, gouverner ; et l'autre, pour obéir, pour marcher dans la route tracée. L'ordre social ne se comprend guère en effet qu'avec deux principes d'inégale grandeur ; l'un qui coordonne, et l'autre qui se prête de lui-même à être coordonné. L'un, lumière, boussole, principe régulateur ; et l'autre, qui se plie, qui s'accommode volontairement aux lois qui lui sont données. — Dans le monde matériel, l'ordre ne s'obtient qu'aux mêmes conditions ; il résulte également de deux éléments : d'une part, de la matière souple, docile, mobile par sa nature ; et de l'autre, de la loi qui la soumet à son empire, — Mais d'après M. Jules Favre, il y a erreur et profonde erreur, et même erreur dangereuse à voir deux principes différents dans l'autorité et la liberté ; il n'y en a qu'un qui se manifeste, dit-il, sous deux formes avec une égale grandeur et une égale certitude ; ces deux formes sont l'autorité et la liberté ; mais l'autorité, nous dit-il encore, c'est la justice, et la justice c'est le respect de la liberté. L'unique principe avec lequel il veut fonder le gouvernement qu'il appelle le seul acceptable, c'est donc la liberté. Dans son système, la liberté est tout ; en elle se trouve le principe générateur de la justice, et en même temps de l'autorité. Or, ces trois choses autorité, liberté et justice, sont bien les trois éléments qui servent à fonder toutes les sociétés humaines.

Cette haute valeur donnée à la liberté par M. J. Favre lui appartient-elle véritablement ? et le seul gouvernement acceptable est-il, comme il le prétend, celui qui sort de la liberté et qui en favorise l'épanouissement ? La question vaut la peine d'être examinée, car il s'agit de déterminer la vraie valeur des trois grands éléments constitutifs de toutes les organisations politiques et de trouver celui à qui appartient la prééminence.

Il est un moyen facile de résoudre ce problème : c'est d'étudier en elles-mêmes, chacune de ces trois choses, liberté, autorité, justice ; de rechercher les caractères qui leur sont propres ; et de cette analyse, sortira sans aucun doute la preuve ou de leur égale, ou de leur inégale grandeur.

L'autorité, dit M. J. Favre, l'autorité morale et légitime, la seule vraie, n'est pas autre chose que la justice. — On ne peut mieux répondre. La justice, en effet, comme l'autorité, a empire sur tous les hommes, et il n'est pas même d'empire miéux reconnu que celui de la justice : c'est devant ses autels, au pied de ses sanctuaires, que comparaissent volontiers tous les hommes pour entendre ses arrêts, pour se soumettre à ses décisions. La souveraineté de la justice est proclamée par les plus grands comme par les plus petits, par les peuples comme par les individus ; nul ne veut aller ou du moins ne veut paraître aller contre la justice : le plus grand des scélérats, injustement frappé, fait appel à son nom, et pourquoi ? Parce que la justice est la loi sainte sur laquelle doivent se modeler toutes les lois faites par les hommes, parce qu'elle est la protectrice de toutes les existences dans tous les temps et dans tous les lieux ; immuable, indestructible, immortelle, après nous avoir jugés dans ce monde, elle nous survit pour nous juger ailleurs. — Il n'est rien de plus grand ni de plus auguste que la justice ; et en faire le point d'appui de l'autorité, c'est lui donner le plus solide des fondements, et l'élever en même temps aussi haut que possible, surtout quand on ajoute, comme le fait M. J. Favre, qu'elle vient de Dieu. Avec une telle origine, elle s'élève majestueusement au-dessus de toutes les grandeurs humaines; il n'est pas de créature douée d'intelligence et de raison qui ne s'empresse de s'incliner devant son sceptre. En l'identifiant avec la justice, M. J. Favre vient donc de nous démontrer, contre sa volonté, qu'elle est un principe à part, tirant de lui-même sa force et sa légitimité; et en même temps un principe indépendant, aussi indépendant que la justice, qui ne mériterait plus son nom si elle était subordonnée, dépendante, mobile et changeante, autre aujourd'hui, autre demain, suivant les temps et les lieux; elle descendrait au-dessous de ses interprètes, toujours investis de fonctions inamovibles pour faire comprendre l'immutabilité du code qui doit dicter leurs arrêts.

Ce qu'il appelait une erreur profonde et dangereuse, ce qu'il repoussait vivement, l'indépendance de l'autorité et sa force inhérente à sa nature, est donc devenu, sous sa plume, une grande et précieuse vérité; très-précieuse même, parce que plus l'autorité est reconnue une institution grande et digne de respect, mieux elle est obéie, mieux elle obtient la déférence et la soumission qui lui sont dues, et mieux en va la chose publique; tandis que l'affaiblissement de l'autorité dans l'esprit des populations pousse à l'anarchie, dont elle est destinée à nous préserver. Nous étions loin de nous attendre à trouver dans M. J. Favre un auxiliaire aussi puissant des droits de l'autorité. Personne n'a mieux parlé en sa faveur, personne n'a mieux dit ce qu'elle est, la justice sous un autre nom : c'est-à-dire le droit incarné, personnifié dans l'un de ces hommes que 'on appelle des rois, des monarques, des empereurs, des princes, des présidents de république ou de démocratie, dont les titres à la vénération des peuples résident non, dans leur personnalité, toujours plus ou moins inférieure à leurs augustes fonctions, mais dans la grandeur des saintes lois de la justice dont la garde a été remise entre leurs mains.

Chose étrange ! M. J. Favre, en identifiant l'autorité avec la justice, a fait tout le contraire de ce qu'il voulait faire : il prétendait enlever à l'autorité son indépendance et sa valeur intrinsèque, et il les a affermies mieux que jamais. Il est vrai qu'il ajoute : « La justice n'est pas autre chose que le respect de la liberté ! » C'est ce qu'il s'agit d'examiner.

Le respect est un sentiment qui n'est à sa place qu'autant qu'il s'adresse à un objet qui en est digne ; sans cette condition, il dégénère en servilité, en bassesse. Il faut donc absolument que la liberté, pour être digne de respect, soit par elle-même quelque chose de respectable, et par conséquent le soit toujours ; car, si parfois elle ne l'était pas, il s'ensuivrait rigoureusement qu'elle ne l'est pas par elle-même, mais par la présence accidentelle de quelque élément étranger qui, en s'y joignant, lui apporte ce qu'elle n'a pas par nature, et devient la vraie raison du respect qui lui est dû. Le respect de la liberté ne peut donc se transformer en justice qu'à la condition que la liberté soit respectable par elle-même. L'est-elle véritablement, l'est-elle toujours, ou, ce qui revient au même, tout acte libre, uniquement parce qu'il est libre, est-il toujours digne de respect ? Évidemment, non ; car les actes pervers sont des actes libres, et pourtant ils obtiennent si peu notre respect, qu'ils provoquent en nous un sentiment tout opposé, le mépris ou l'indignation, et que nous croirions mal faire de leur accorder tout autre sentiment. La liberté n'est donc pas toujours respectable; elle ne l'est pas quand elle fait alliance avec le mal; donc, quand elle l'est, c'est qu'elle porte avec elle quelque chose qui n'est pas en elle et qui lui communique la propriété de devenir respectable. Quel est ce quelque chose? C'est le droit, c'est la justice, c'est le bien. Un acte a beau être libre, s'il n'a pas devers lui le droit, s'il n'est pas juste, il ne peut prétendre à notre respect; et s'il va contre la justice, tout en conservant sa liberté, il provoque et mérite le sentiment de réprobation dont i est l'objet.

Voilà votre méprise, M. J. Favre; convenez qu'elle n'est pas petite; vous faites sortir la justice du respect de la liberté : et c'est la justice cachée derrière la liberté, qui seule la rend respectable, qui seule provoque le respect qu'on lui porte. Le respect est un sentiment produit par quelque chose d'auguste; ce quelque chose c'est l'incorporation du droit à quelqu'un de nos actes libres : et c'est de ce sentiment que vous faites naître la justice, alors que c'est la justice qui le suscite en nous; vous prenez l'effet pour la cause, vous renversez la pyramide : du sommet vous en faites la base; d'un des nombreux effets produits dans notre âme par la présence directe ou indirecte du juste, vous faites le principe générateur du droit. Ah! vous avez bien certainement écrit ces lignes dans un moment d'absence de votre grand esprit, ou abusé par la trop grande confiance, que vous inspirait le maître révéré que vous citez, et qui vous a précédé en effet dans l'émission de ce faux système.

Mille raisons devaient cependant vous préserver de cette
rreur grave et dangereuse ; car le respect, en le supposant
ujours à sa place, c'est-à-dire toujours s'adressant à un
bjet qui en est digne, n'est jamais qu'un phénomène de
otre sympathie sociale, il n'est qu'un fait : et depuis
uand un fait, parce qu'il est conforme à la loi qu'il traduit,
eut-il prendre la place de cette loi ? Autant vaudrait dire,
u'un son harmonieux, parce qu'il doit son harmonie à sa
onformité aux lois de la musique, se confond avec ces
is, ou que la structure d'un monument parce qu'elle est
onforme aux lois de la géométrie, s'identifie avec ces lois.
e premier qui fut juste, le fut parce que le premier, il
ppliqua les lois de la justice ; il les appliqua, il ne les fit
as : ses actions furent justes, c'est-à-dire conformes à la
stice, c'est-à-dire à un modèle, à un type préexistant ;
omment donc le respect de la liberté, en le supposant ce
u'il n'est pas toujours, un acte juste pourrait-il devenir
justice ? Il y a un abîme entre le phénomène et la loi,
ntre l'acte et la règle, entre le droit et le fait ; il y a toute
distance qui sépare le divin de l'humain, et dans le
omaine de la morale, toute la distance qui sépare l'infini
u fini ; car nous l'avons vu, la vraie justice, la justice
rimordiale, celle qui sert de fondement aux lois humaines
st éternelle, invariable, indestructible, immortelle, elle
ppartient au domaine de l'infini.

Est-ce que par hasard, M. J. Favre n'aurait pas bien
ompris la liberté dont il veut faire la pierre angulaire de
on gouvernement modèle ? Car sa nature bien comprise
oppose absolument à ce qu'elle puisse se transformer en
roit et en justice : elle se laisse voir et regarder à qui
eut l'étudier ; or, que trouve-t-on en elle ? une activité,

une force autonome, qui s'impulsionne elle-même, qui, pour se mouvoir n'a besoin que de sa propre énergie. En tant que libre et maîtresse de choisir la direction qu'elle veut prendre, elle ne comporte ni coaction, ni contrainte : c'est une puissance qui se meut spontanément : c'est elle qui met en jeu tous les organes de la vie du corps, et toutes les facultés de l'âme, elle est en quelque sorte la locomotive de la machine humaine. Mais à cette force qui remue tout l'homme, et le pousse où bon lui semble, il faut ce qu'elle n'a pas en elle, une direction, une lumière, une boussole, pour lui indiquer la route où elle doit marcher ; et cette lumière, où la trouver ? Encore une fois, la force libre n'est pas la pensée, elle n'a pas en elle un atome de lumière, elle ne sait même pas qu'elle est force ; c'est la pensée qui sait tout, qui se sait elle-même, qui l'éclaire de sa lumière : elle est donc incapable de se conduire et par conséquent impuissante à devenir le droit ou la justice, ou ce qui est la même chose, la raison morale, la raison pratique qui seule à autorité et compétence pour commander à la liberté et à toutes les libertés.

Où donc est le moyen de faire sortir la justice de la liberté ? Nous venons de voir que l'entreprise est aussi difficile à réaliser que de faire sortir la lumière des ténèbres. Qu'y a-t-il de plus personnel que la liberté, de plus local, de plus individuel, de plus particulier ? La liberté c'est nous-mêmes ; et la justice n'est-elle pas tout l'opposé ? n'est-elle pas ce qu'il y a de plus impersonnel ? dès qu'elle nous juge, n'est-elle pas hors de nous, autre que nous : et n'est-elle pas générale, universelle et la même pour tous les hommes, puisqu'on l'appelle du nom d'équité naturelle, qui veut dire mesure égale pour tous ?

La liberté est responsable de ses actions ; tour-à-tour innocente ou coupable, quand elle tombe dans la faute ou peut lui demander compte de ses actes, et lui infliger un châtiment si elle le mérite ; et de tous ces caractères y en a-t-il un seul, que l'on puisse transporter à la justice ? — On trouve dans la justice trois grands attributs : l'autoité législative, l'autorité judiciaire et l'autorité protectrice de tous les droits. Ces trois attributs sont représentés par le sceptre, la balance et le glaive, et pour terme correspondant, ils ont à leurs ordres le pouvoir exécutif, qui se résoud dans l'activité volontaire et libre, dans l'agent moteur de tous nos organes, qui est la force libre ou la liberté.

Jamais tentative ne fut donc plus malheureuse que celle par laquelle M. J. Favre a essayé de faire sortir de la liberté la justice, et avec elle l'autorité et le gouvernement. La distance est trop grande, et l'égale grandeur entre les deux principes, autorité, liberté, est encore à prouver. Il essayé d'un dernier moyen : à l'objection qu'il pressentait, « l'autorité vient de Dieu, » il a répondu en disant : « La liberté aussi vient de Dieu : ce sont deux puissances qui ont même origine, et cette communauté d'origine ne conduit-elle pas à leur conférer une égale grandeur ? »

Pas le moins du monde ; car on est en droit de répondre à M. J. Favre : Toutes nos facultés viennent aussi de Dieu, elles sont autant de dons de sa main libérale ; sont-elles égales pour cela ? La sensibilité vaut-elle la volonté ? et la volonté vaut-elle la raison ? L'atome aussi est sorti des mains de Dieu, est-il pour cela l'égal de l'homme ? Tous ces êtres sont venus de Dieu, et, bien loin d'être égaux, ils se subordonnent les uns aux autres pour former cette immense hiérarchie qui, du grain de sable, s'étend jusqu'à l'intelligence humaine par des gradations successives, et sans doute se prolonge plus loin par-delà ce monde...

Oui, l'autorité et la liberté viennent de Dieu ; mais non pas dans le même sens. Nous comptons la liberté au nombre des dons que Dieu nous a faits ; nous la rangeons parmi les facultés dont nous avons été doués, et en même temps nous la considérons, nous la prenons pour ce qu'elle est, pour une puissance bornée, limitée, qui appartient au domaine des choses finies. Or, est-ce ainsi que nous l'entendons quand nous assignons à la justice une origine divine ? Nous est-il jamais venu à la pensée d'en faire une faculté de notre âme ? oserions-nous l'abaisser ainsi à notre niveau ? La justice, la vraie justice que nous qualifions d'éternelle, n'est-elle pas pour nous un rayonnement divin de l'éternel soleil de justice, une lumière venue d'en-haut pour nous éclairer, sans se détacher pour cela du foyer d'où elle part ? N'est-ce pas la raison même de Dieu qui se manifeste, se révèle, se dévoile à notre propre raison, et qui demeure toujours distincte et séparée de l'intelligence qu'elle illumine ? Il n'y a donc pas la moindre analogie entre les deux sens que nous donnons à ces deux mots, *origine divine*, suivant que nous les appliquons à la liberté ou à la justice.

Que reste-t-il maintenant du système de M. J. Favre ? a-t-il prouvé que l'autorité et la liberté ne constituaient qu'un seul et même principe, se manifestant sous deux formes d'égale grandeur, l'autorité et la liberté ? Il résulte de ses propres paroles que l'autorité est autant au-dessus de la liberté que l'infini au-dessus du fini. L'inégalité des deux principes subsiste mieux établie que jamais ; il n'est donc pas permis de dire : « Le seul gouvernement acceptable

celui qui sort de la liberté et qui en favorise l'épanouis-
.ent, » parce qu'il n'est pas permis de placer sur la même
.e et de considérer comme égales l'autorité, la justice et
.iberté! Avec cette égalité, aucun gouvernement ne serait
sible, pas même une simple société de créatures hu-
nes; car, comment que l'on s'y prenne, dans tout gou-
nement il faut une hiérarchie, une subordination; les
vernants et les gouvernés; les dépositaires et les tribu-
.es de l'autorité ne peuvent pas marcher de front; et où
.uver cette autorité dans un système où tout est égalité,
.l'autorité, la justice et la liberté sont d'égale grandeur?
.c des puissances égales, tout empire est une usurpation,
.e tyrannie, et la soumission à cette tyrannie une lâche
.vilité.

Des puissances égales peuvent, dira-t-on, se donner un
.vernement de leur choix : c'est le peuple, c'est la liberté
. se gouverne elle-même, c'est la démocratie. Sans doute,
.peuple a le droit de se gouverner lui-même quand il le
.t, quand il est assez fort, moralement, pour présider
.es destinées; mais que vaut et que peut valoir l'autorité
.il institue? Ouvrage de ses mains ce n'est qu'une idole,
.une fausse divinité devant laquelle on ne peut se courber
.s idolâtrie, sans oubli de toute dignité personnelle. Ce
.st qu'un semblant de gouvernement, puisque ni le gou-
.nant n'a le droit de commander, ni le gouverné l'obli-
.ion d'obéir, comme étant des puissances parfaitement
.les. Il ne faut pas confondre la fausse et la vraie démo-
.tie; la fausse a pour formule : Liberté, égalité, frater-
.é! C'est le système égalitaire également bien traduit par
. mots : la nation, la loi, le pouvoir, et encore mieux
. ces paroles d'Helvétius : « Quand un vaisseau est sur-

pris par un long calme et que la famine d'une voix impé-
rieuse, commande de tirer au sort la victime qui doit
servir de pâture à ses compagnons, on l'égorge sans re-
mords. Ce vaisseau est l'emblême de chaque nation : Tout
devient légitime pour le salut public. » La vraie, c'est la
grande autorité de la justice placée au sommet de l'édifice
social, sous le nom de roi, prince, monarque, empereur,
président ou chef de république qui, pour n'être qu'une chi-
mère aux yeux de ceux qui ne croient qu'à ce qu'ils voient,
qu'à ce qu'ils touchent de leurs deux mains, n'en est pas
moins le seul vrai souverain parce qu'il se confond avec la
justice éternelle, reine du ciel et de la terre, qui, pour se
voiler ici-bas sous une forme humaine, n'en conserve pas
moins ses droits au respect de tous les enfants des hommes ;
plus qu'à leur respect, elle a droit à leur dévouement absolu,
parce qu'en mourant pour elle on ne meurt pas en vain :
le sang qui coule aux pieds de ses autels est un sang fécond
qui échange nos vies mortelles contre une existence sans
fin. Le patriotisme n'a de sens que sous l'empire de cette
vraie démocratie, qui borne sa puissance à faire, non le
vrai souverain qui est surhumain par sa nature, mais le
simple représentant du souverain, celui qui doit occuper
sa place, remplir la souveraine magistrature, devenue
vacante par l'absence d'un chef visible. Hors de ce type et
de ce modèle de gouvernement, qui a pour caractère de
sortir de la justice pour en assurer le règne chaque jour
plus étendu, tout est apparence trompeuse ; il n'existe en
réalité ni gouvernants ni gouvernés ; il n'y a que des
esclaves et des despotes affublés du manteau d'hommes
libres, et jouant une ignoble comédie qui finit toujours
par une tragédie sanglante, en expiation des crimes ou

s erreurs des complices ou des coupables, et pour l'ins-
uction des esprits obstinés qui ne reconnaissent leurs
reurs et leurs fautes que lorsque, traduites en faits, elles
gendrent leurs conséquences naturelles : l'anarchie, avec
s désordres et les scandales qui l'accompagnent partout.

En nous résumant, nous dirons : Tout bien compté, il
y a pas moins d'une demi-douzaine d'erreurs dans les
elques lignes que nous avons citées du discours de
. J. Favre. La première c'est de ne reconnaître de gou-
rnement acceptable, que celui qui sort de la liberté et qui
favorise le développement : outre que ce gouvernement
t impossible, construit en dehors de l'idée de justice, il
outit à la triade socialiste, liberté, égalité, fraternité.
seconde erreur, c'est d'identifier l'autorité avec la liberté
es qui sont aussi distantes l'une de l'autre, que l'infini
st du fini. La troisième c'est la tentative infructueuse de
re sortir la justice de la liberté, c'est-à-dire, le droit
fait, la règle, la loi, du phénomène : en quatrième
u, le respect qui est un sentiment moral, implique la
justice, au lieu de lui donner naissance; en cinquième
u, la communauté d'origine assignée par M. J. Favre,
'autorité et à la liberté ne prouve nullement leur égale
andeur : bien au contraire, elle fait ressortir leur diffé-
nce par le sens tout opposé auquel on entend ces deux
ots. Enfin, la prétendue erreur de reconnaître deux
incipes pour fondement des sociétés humaines et des orga-
sations politiques, se trouve convertie par M. J. Favre
-même, en la plus précieuse des vérités, celle qui
bordonne le fini à l'infini, la liberté à la justice, et par
justice, à l'autorité qui la représente.

Bordeaux. — Imp. de F. Degréteau et Cie.